Louis AGUILLON

INSPECTEUR GÉNÉRAL DES MINES EN RETRAITE

LES
CONCESSIONS DE MINES

LE GOUVERNEMENT ET LA LOI

PARIS

BUREAUX DE LA *REVUE POLITIQUE ET PARLEMENTAIRE*

36, RUE VANEAU

—

1912

Louis AGUILLON

INSPECTEUR GÉNÉRAL DES MINES EN RETRAITE

LES CONCESSIONS DE MINES

LE GOUVERNEMENT ET LA LOI

PARIS

BUREAUX DE LA *REVUE POLITIQUE ET PARLEMENTAIRE*

36, RUE VANEAU

1912

Extrait de la **Revue Politique et Parlementaire**

(Juin 1912)

LES CONCESSIONS DE MINES

LE GOUVERNEMENT ET LA LOI

Parmi les monuments législatifs dont le premier Empire nous a dotés, il en est peu, en dehors de nos grands codes, qui puissent être comparés à la loi des mines du 21 avril 1810. On est stupéfait qu'elle ait pu constituer pendant un siècle et qu'elle constitue encore le régime de notre industrie extractive, malgré ses prodigieux changements par rapport aux exploitations que connaissait ou pouvait prévoir le Conseil d'Etat napoléonien qui rédigea cet acte justement fameux. Sans doute, le texte original a subi, par des lois ultérieures, et notamment par de récents articles de nos lois de finances, des modifications qui ne sont pas sans importance, et dont les dernières valent ce que valent généralement les articles improvisés dans ces lois.

Au fond les traits essentiels de la charte de 1810 persistent ; et en tout cas restent absolument inaltérées ses dispositions relatives à la création de la mine, à son attribution aux particuliers, ou, suivant les termes consacrés, à l'institution des concessions. Ce point n'a pas laissé d'être discuté depuis longtemps, et notamment dans ces dernières années, à la Chambre des Députés. Une récente discussion avait même abouti à un engagement pris par le Gouvernement, sur une invitation de la Chambre, de ne plus instituer de concessions, jusqu'à la révision de la loi de 1810 sur ce sujet. Relevé tout dernièrement de cet engagement au point de vue parlementaire, le

Gouvernement vient, par quatre décrets du 2 avril dernier, insérés au *Journal Officiel* du 4 avril, d'accorder deux concessions de mines de fer en Meurthe-et-Moselle et deux concessions de mines d'or dans la Haute-Vienne. Ces concessions ont été octroyées dans des conditions qui méritent qu'on s'y arrête. Ce n'est rien moins qu'un nouveau régime des mines qu'inaugure le pouvoir exécutif, en substituant sa seule volonté à celle du législateur. Il est intéressant d'examiner le principe de cette transformation, à coup sûr inattendue, comme aussi ses premières applications ; c'est ce que nous voudrions faire en nous bornant aux grandes lignes du sujet et en évitant les détails qui ne pourraient avoir d'intérêt que pour des spécialistes. Afin de nous faire suffisamment comprendre de tous, il nous a paru toutefois qu'il ne serait pas inopportun de rappeler d'abord quelques idées générales sur la question des mines ; pour familières qu'elles soient à ceux qui vivent dans ce milieu, elles sont trop souvent ignorées de trop de personnes.

I

Il semble que l'on énonce une première banalité en rappelant l'intérêt primordial pour un pays, et surtout pour un pays à sous-sol relativement pauvre comme le nôtre, de donner à son industrie extractive toute l'intenstié que ses ressources minérales comportent techniquement. La prospérité d'un pays ne se mesure-t-elle pas à sa production, et notamment à la production de son sol, surface et tréfonds ?

Une exception, à peu près unique il est vrai, à cette règle générale, se présente pour tous les pays qui disposent de ces gisements de sel gemme, dont la capacité de production est en quelque sorte indéfinie, alors que la consommation, pour les usages domestiques, voire même industriels, est limitée par la nature des choses. La surproduction permanente du sel, avec ses conséquences inévitables et néfastes, est d'autant plus à craindre pour les mines de sel gemme en France, qu'elles sont concurrencées par les marais salants, d'une capacité de production déjà disproportionnée à la consommation.

Hors une telle exception, on doit tenir comme établi par le bon sens et l'expérience que, pour donner à l'industrie extractive d'un pays toute l'intensité désirable, il faut avoir le plus grand nombre de mines, exploitées chacune, le plus activement possible, à la condition que chaque mine dispose d'un champ suffisamment étendu pour que l'exploitation y puisse être rationnelle et économique.

L'Etat commettrait notamment une erreur profonde en cherchant à aménager d'une manière systématique les ressources minérales du sous-sol de façon à assurer les approvisionnements de l'avenir. On sait assez les erreurs de l'Etat industriel. Elles seraient ici encore plus à craindre à raison du nombre et de la rapidité des modifications dans l'industrie moderne. Une substance minérale aujourd'hui très demandée peut être demain délaissée à la suite d'une de ces transformations. Le minerai de fer phosphoreux de l'Est, à peu près sans valeur avant le procédé Thomas pour la fabrication de l'acier, pourrait être négligé à raison d'une nouvelle invention. On ne doit pas non plus oublier que tout gîte minéral sera fatalement épuisé à une certaine date. L'Etat, qui est le seul être ne devant pas disparaître dans un pays, va-t-il fixer aujourd'hui la génération de l'avenir qu'il condamnera à ne plus avoir certaines ressources ? Aussi bien, le monde souterrain nous est si mal connu, que, même dans un vieux pays comme le nôtre, on peut encore trouver dans son sous-sol des ressources de nature à remplacer demain, avantageusement pour tous, celles qu'on y exploite aujourd'hui.

A quoi bon, objecte-t-on à un autre point de vue, se préoccuper de nouvelles mines, puisque, avec notre natalité insuffisante, on manque d'ouvriers pour les anciennes ? Déjà, on répond à cette objection par la dernière des observations précédentes. D'autres s'y ajoutent, encore plus pertinentes. Ce qu'un industriel ne sait pas faire, un autre arrive à l'obtenir. Les futures mines sont surtout dans des districts nouveaux pour lesquels il est plus aisé de recruter de la main-d'œuvre étrangère, à laquelle il nous faut aujourd'hui nécessairement recourir.

Donc, exploitons le plus tôt possible toutes nos ressources

minérales. Mais on ne peut exploiter des mines que si, au préalable, elles ont été découvertes et explorées ; et l'on ne se rend pas toujours suffisamment compte de l'importance pratique de cette invention et surtout de cette exploration qui doit précéder l'exploitation. L'invention, dans son sens vulgaire sinon tout à fait légal, consiste essentiellement à signaler sur un point nouveau l'existence d'un gîte jusque-là inconnu ; cela ne suffit pas pour qu'on y puisse établir une exploitation utile ; il faudra que le gîte soit reconnu par une exploration qui, souvent, continue après que la mine a été légalement instituée ; car on institue fréquemment sur des présomptions plus que sur des réalités. De là notamment le nombre des mines inxploitées dans tous les pays ; près de 1.000 en France sur 1.500. Sans doute, nombre d'entre elles sont abandonnées par suite de cet épuisement qui attend tout gîte, ou par suite de modifications économiques qui les rendent actuellement sans valeur. Mais, pour beaucoup, cette exploration, poursuivie après la concession, a montré l'inexploitabilité du gîte, son inexistence industrielle ; les réalités ont été reconnues ne pas répondre aux présomptions.

Cette importance de l'invention et de l'exploration, qui ne peut pas toujours en être distinguée, est telle que, de tout temps, dans tous les pays où la mine est détachée de la propriété du sol, on a jugé opportun, par la loi fixant le régime minéral, de créer des avantages en faveur des inventeurs et explorateurs. La pratique la plus générale, admise comme la plus utile à l'intérêt public, est de leur attribuer la mine de droit. La mine à l'inventeur, ou, ce qui n'est peut-être qu'une modalité, la mine au premier demandeur, est la plus vieille maxime du droit des mines et la plus pratiquée encore. Lorsque la loi ne consacre pas légalement ce droit, tout au moins les travaux de recherche et d'exploration, sont, ainsi qu'il en est chez nous, considérés comme les meilleures titres pour en bénéficier.

Ces travaux de recherche et d'exploration antérieurs à l'institution de la mine ne laissent pas d'être coûteux. Il est difficile de trouver des renseignements précis sur ce point ; ceux publiés annuellement par notre Administration ne donnent guère d'indications. On ne se tromperait peut-être pas beaucoup en estimant à quelque quatre-vingts ou cent mille francs, en grosse moyenne, ce qu'a bien pu dépenser un explorateur avant d'avoir obtenu sa concession. Il est des cas où les sommes dépensées ont été bien plus considérables. Pour les mines de houille que l'on aurait dû depuis longtemps instituer en Meurthe-et-Moselle, la dépense des explorateurs par périmètre attribué ne s'écartera pas du million.

Je ne parle que des recherches ou explorations qui ont établi l'existence d'une mine exploitable, ou présumée exploitable ; mais il y a, en outre, tous les travaux qui n'ont pas abouti ; leur montant, qui n'a jamais été chiffré, est considérable, dépassant peut-être celui des entreprises ayant déterminé une concession. Pour une mine instituée jadis en France — et l'on en instituait moyennement 10 à 12 par an — il pourrait bien y avoir 4 à 5 explorations infructueuses ; et sur 3 concessions instituées, il y en a tout près de 2 qui sont, à plus ou moins bref délai, reconnues inutilisables.

Evidemment, et c'est fort heureux, car sans cela on ne chercherait plus de mines, et partant on n'en aurait plus à exploiter, il y a des succès éclatants, des rémunérations considérables. Au moindre effort même pourra correspondre éventuellement le plus grand succès. Ceci est la rançon de cela. L'envie démocratique ne doit pas faire traiter de « requins » quiconque réussit. C'est l'ensemble qu'il faut voir, un ensemble dont les avantages effectifs, à tout prendre, dépassent les inconvénients, qui n'ont parfois d'existence que dans des idées préconçues.

Ce rôle capital de l'invention et de l'exploration préalables à l'exploitation, on le retrouve même dans les gîtes que ces travaux finissent par montrer être relativement les plus réguliers comme le bassin ferrifère de Meurthe-et-Moselle. Le connaissait-on lorsqu'en 1871 notre frontière a été tracée avec le soin systématique que l'on sait y avoir été mis ? Et en connaîtrait-on aujourd'hui la délimitation précise par nature de minerais, sans les quelques 200 sondages qu'il a fallu effectuer à cet effet, et le million qu'ils ont bien pu coûter?

Cette recherche et cette exploration des mines, d'importance si primordiale, ne peuvent être que l'œuvre des particuliers. L'Etat serait impuissant à se substituer à eux, non seulement d'une façon générale, à raison de son inaptitude, fonctionnelle et établie par les faits, à se plier à toute opération industrielle, à sa conduite rationnelle et utile ; mais, encore et surtout, la recherche et l'exploration des mines ne réussissent qu'à raison de la diversité d'idées et de mobiles de tous ceux qui s'y livrent. Des recherches d'Etat ne se poursuivraient que sous la direction d'une même idée.

La mine découverte et explorée il s'agit maintenant de l'exploiter. On ne le fera pas, si beau que soit le gîte de par sa nature, sans de nouvelles dépenses ; et la mine, quelle qu'elle soit, ne rendra qu'en raison de ces dépenses. Même ici on n'a rien sans argent. On sait, par exemple, que, pour faire une houillère, tous travaux de recherche et d'exploration en dehors, il y faut investir de 20 à 40 f., suivant les circonstances, par tonne à extraire dans l'année ; pour une mine de fer du district de Briey, il faudra de 10 à 12 millions pour en extraire annuellement un million de tonnes.

Si on relève le rendement d'une mine par rapport aux capitaux de premier établissement qui y ont été effectivement investis, tout prix d'achat ou toute surcharge d'apports mis de côté, il est curieux de constater que ce rendement, dans son ensemble, — et je ne parle que des mines ayant réussi — ne s'écarte pas sensiblement de celui des capitaux investis dans d'autres industries. On reste volontiers hypnotisé devant la plus-value de certaines actions de nos grandes entreprises minières ; ces actions valent aujourd'hui 10 ou même 100 fois leur valeur originaire, d'il y a, il est vrai, un demi siècle ou trois quarts de siècle. Ce n'est que le résultat d'une administration remarquable par la continuité et la rigueur de sa sagesse. On a, par le moyen de réserves, c'est-à-dire de privation de bénéfices annuellement distribuables, développé des champs d'extraction relativement vastes. Si les sommes nécessaires avaient dû être obtenues, par le système, qui prévaut aujourd'hui, d'émissions continues d'obligations et d'actions, le rendement effectif, le cours des actions, ne s'écarteraient pas sensiblement de ceux de la plupart des autres industries eu égard surtout aux aléas que toute mine comporte et comportera toujours. On le voit bien par l'exemple de l'Allemagne. Certaines entreprises minières auraient-elles néanmoins un rendement supérieur, inespéré, et ce sera toujours l'exception, je ne pourrais que répéter que ce succès est la contre-partie heureuse, voire même nécessaire, des insuccès trop fréquents par ailleurs.

Quoi qu'il en soit, on ne saurait contester que les mines se présentent, toutes en théorie, et, certaines d'entre elles, en fait, dès aujourd'hui, dans une situation économique spéciale. Théoriquement, elles sont monopolisées ; la concurrence n'est pas ouverte indéfiniment comme pour toutes autres industries, que quiconque peut, à sa volonté, établir où il veut. En fait, quelques-unes se trouvent dans des conditions techniques et géologiques, qui, soit par l'abaissement du prix de revient qui en résulte, soit par la qualité de leurs produits, assurent, à égalité de capitaux investis, un rendement supérieur, parfois très supérieur, à ces capitaux. Les mines d'or notamment, pour peu que la teneur des minerais soit élevée, peuvent se trouver dans ce cas, à raison de circonstances qui leur sont exclusives : elles donnent en effet, les seules substances minérales dont le prix de vente est pratiquement invariable, le débit indéfini et la vente immédiate. De là vient que, dans la plupart des pays aurifères, ces mines ont un régime légal qui leur est spécial.

De cette idée de monopolisation de fait, semble être sortie, en partie du moins, le système qui s'est concrété dans ce que l'on a appelé « l'impôt complémentaire », destiné à faire bénéficier, dans une certaine mesure, la collectivité d'avantages qui paraissent résulter de conditions en partie sociales. L'idée, que l'on retrouve d'ailleurs dans d'autres législations, est de frapper d'une taxe supplémentaire le surplus du produit net au delà d'un rendement déterminé des capitaux investis, ce que l'on a appelé l'extra-bénéfice. Dans le projet de loi de finances de 1910 de M. Cochery, dans les récents projets de loi sur les mines de MM. Barthou et Millerand, on proposait une taxe complémentaire de cette nature ; elle devait être de 20 0/0 des produits nets excédant 10 0/0 du capital investi. La taxe, comme il doit en être de tout impôt sur toute propriété, devait frapper toutes les mines, celles instituées, comme celles à instituer, sauf à prendre, pour les premières, les mesures appropriées pour respecter leurs revenus actuels.

Tout en admettant la possibilité de cette application aux mines futures, M. Ajam, le rapporteur de la commission des mines à la Chambre des Députés, s'est très vivement élevé contre la spoliation qu'elle constituerait, suivant lui, pour les mines passées.

De son côté, dans l'*Economiste Français*, M. Paul Leroy-Beaulieu, a plus spécialement critiqué la proposition à raison de son inopportunité ; elle a, du reste, pour lui le vice inhérant à tout impôt progressif, avec la définition très précise qu'il donne à ce terme. L'on peut difficilement contester la justesse des objections de l'éminent économiste.

Laissant de côté ce débat, je n'en veux retenir qu'une idée qui s'y rattache plus ou moins directement. L'exploitation des mines constitue, en France, une industrie privée ; je crois inutile de parler de leur exploitation par l'Etat, son insuccès en matière de chemins de fer, comme en toutes autres exploitations industrielles, suffira, on peut le croire, pour nous l'éviter ; l'insuccès, pour ne pas dire la faillite de l'exploitation de son domaine minier par l'Etat prussien, dont M. O. Henry-Gréard vient de nous faire l'exposé dans un livre récent (1) que tout le monde devrait lire, suffirait comme avertissement. Or, entre industriels appelés à se concurrencer, il est du devoir de l'Etat, d'éviter, de son fait, un régime de différences. Toutes les mines doivent être traitées par lui sur le même pied. Sans doute, les particuliers, par leurs tractations, peuvent momentanément créer des différences entre exploitations similaires. Les particuliers passent ; les erreurs de l'un compensent celles de l'autre, dans le champ des initiatives individuelles, sous un régime de liberté. L'Etat seul dure avec ses stipulations. Il ne peut intervenir arbitrairement dans la vie industrielle sans qu'on ne puisse répéter, encore une fois, qu'il risque d'ajouter l'injustice des hommes à l'inégalité des choses.

II

Après ces explications générales, nous en arrivons à la loi de 1810 et à son application ; et ces explications, on le verra,

(1) *L'exploitation des mines par l'Etat, dans le royaume de Prusse.* Paris, chez Arthur Rousseau, 1912.

nous serviront à mieux comprendre ce côté, du reste principal, de notre sujet.

Depuis 1810, la doctrine et la jurisprudence ont bien souvent discuté, et elles discutent encore le caractère juridique de la mine, avant son institution. A vrai dire, toutes ces discussions ont roulé sur deux systèmes : les uns, partant de l'article 552 de notre Code civil, qui consacre la propriété du dessus et du dessous, *usque ad coelum et usque ad infera*, rattachent la mine à la propriété du sol, tout en reconnaissant que le propriétaire superficiaire n'aurait sur elle que ce que les juristes appellent le « domaine éminent », c'est-à-dire un simple titre qui ne permet pas l'exploitation ; et à raison de ce titre, que l'institution de la mine lui retire, le concessionnaire de celle-ci doit lui payer une indemnité, la redevance tréfoncière, que fixe le Gouvernement à l'octroi de la concession. Les autres, — ils passent pour les plus nombreux et les plus autorisés, — disent qu'avant la concession la mine est, suivant l'expression même de Napoléon, dans la discussion de la loi du 21 avril 1810 « un bien qui n'est pas encore né », ou comme disent les juristes une « res nullius » dont l'institution seule fait une propriété. La propriété ainsi instituée, c'est un point sur lequel doctrine et jurisprudence sont du reste unanimes, est une propriété immobilière qui ne comporte que les charges du droit commun pour toutes propriétés analogues, et ne peut être soumise qu'à des obligations spéciales prévues par la loi. Il y a toujours eu également unanimité pour reconnaître que s'il appartenait exclusivement au Gouvernement d'instituer une mine, il ne peut, en ce faisant, que l'instituer suivant les règles de fond et de forme prévues par la loi : et il nous faut les rappeler très sommairement.

Dans l'exercice de ce pouvoir, le Gouvernement n'intervient et ne stipule que comme représentant la puissance publique pour l'administration des intérêts généraux. Il n'est pas partie en tant que personne privée, comme s'il s'agissait de la gestion de son domaine privé. Il ne peut prétendre, à cette occasion, à aucun avantage pécuniaire. Il n'a pas directement d'intérêts financiers en jeu. Il n'aura à percevoir sur la nouvelle propriété que les impôts fixés par les lois fiscales. C'est ce que l'on résume par ce qu'on appelle « la gratuité » de l'institution des concessions. Et il faut bien s'entendre sur ce que l'on doit comprendre par là ; nous venons de le préciser : il n'y a pas gratuité notamment au regard de l'explorateur devenu concessionnaire à la suite des dépenses que nous avons dites avoir dû être faites par lui ; et il n'y aura pas gratuité pour lui dans l'avenir, à raison des impôts qu'il devra payer.

Subtilité et sophisme de juriste que tout cela, disent volontiers les socialistes et les étatistes ; la mine appartient de droit naturel à l'Etat. Pure pétition de principe, acte de foi dans une croyance, peut-on leur répondre. Aussi bien, il serait facile de montrer qu'ils se trompent, même en droit naturel. Là du reste n'est pas aujourd'hui la question. Il s'agit de droit positif, de l'application d'une loi qui existe, qu'il faut appliquer comme on applique toutes les lois tant qu'elles ne sont pas modifiées ou abrogées dans les formes constitutionnelles.

On peut affirmer que, sur le point spécial que nous indiquions, il n'y a jamais eu et qu'il ne saurait y avoir le moindre doute. Tout récemment le Conseil d'Etat le rappelait expressément, dans un avis de principe du 26 décembre 1907, longuement et fortement motivé, qu'avait provoqué le Gouvernement : « La stipulation d'un versement en argent dans le « cahier des charges, (ou dans l'acte de concession), disait-il, « serait en contradiction avec le principe de la gratuité des « concessions qui découle de l'ensemble des dispositions de la « loi du 21 avril 1810 ».

A ces règles de fond, s'ajoutent des règles de forme non moins impératives et certaines. Le Gouvernement ne peut prendre l'initiative d'instituer une mine. Il faut qu'il soit saisi par un particulier d'une demande présentée dans des formes fixées par la loi. Cette demande devra être soumise à une enquête publique, de forme également fixée par la loi ; cette enquête est destinée notamment à provoquer des oppositions et demandes en concurrence, et parmi celles-ci ne peuvent être prises légalement en considération que celles introduites dans des formes et des délais également fixés par la loi. L'enquête terminée, le Gouvernement statue après avis de ses ingénieurs locaux, du préfet, du conseil général des mines et du conseil d'Etat ; et, par une tradition qui ne s'est pas encore démentie depuis un siècle, sur les quatre à cinq mille demandes qui se sont peut-être produites pendant ce temps, le Gouvernement a toujours statué en conformité de l'avis du Conseil d'Etat. Il n'y est pas tenu en droit ; il a estimé avec raison, en fait, qu'il n'y avait pas pour lui de meilleure solution dans des questions qui mettent si souvent en conflit des intérêts privés.

Finalement que peut donc et que doit faire le Gouvernement ? Il lui est licite de rejeter la demande, et tout est dit. S'il croit devoir instituer la concession, il fixe le périmètre, mais dans les limites de terrains sollicités et enquêtés ; et il choisit l'attributaire parmi les demandeurs qui peuvent être considérés comme concurrents en conformité des stipulations de la loi. Par quels motifs devra-t-il se décider ? En principe, il a toute liberté ; mais il ne doit se décider que par les considérations d'intérêt général qui dominent la matière des mines et la loi du 11 avril 1810. C'est pourquoi les titres — car en ce sujet les particuliers ne peuvent légalement faire valoir que des titres et non des droits — les titres qui prévalent sont, comme on le dit, les « titres miniers », découlant de travaux de découverte et d'exploration. Nous en avons assez dit les motifs dans la première partie de ce travail. Mais des circonstances peuvent se présenter qui conduisent à donner la préférence à un demandeur concurrent dont les « titres miniers » peuvent être très secondaires à ceux d'un autre, voire même insignifiants ; il peut y avoir intérêt général à assurer l'approvisionnement d'une usine, à compléter le périmètre d'une mine déjà instituée. L'inventeur ou les explorateurs évincés reçoivent en ce cas des indemnités appropriés. Que ces questions puissent être parfois difficiles à résoudre, c'est possible ; ces difficultés ne sont pas de celles que ne puisse aisément surmonter une administration organisée et fonctionnant comme la nôtre ; soucieuse de son rôle et prête à assumer les responsabilités qui en peuvent découler, elle ne doit s'inspirer que de ces grandes notions d'intérêt général dont relève l'exploitation des mines en tout pays.

Tout cela fait et décidé, le Gouvernement a exercé ses attributions de puissance publique en même temps qu'il a épuisé son droit. Il ne pourrait notamment, sans méconnaître absolument la loi organique de 1810 saisir cette occasion pour se faire donner, sous une forme quelconque, par l'attributaire choisi, certains avantages pécuniaires : on pourrait redire, toute proportion gardée, comme dans une discussion récente et fameuse, que toute compensation sans titre n'est qu'une extorsion.

Ce système bien connu vaut encore une fois ce qu'il vaut ; nous ne le discutons pas ; mais au demeurant il est le seul légal, et le seul qui puisse être légalement pratiqué. Il avait été appliqué ainsi depuis quatre-vingt-dix ans de la façon la plus stricte, et il ne semble pas que cela ait été au détriment du développement de l'industrie minière. Si, pendant cette longue durée, on a discuté l'utilité de son remplacement, nul n'avait songé qu'en attendant une nouvelle loi, on pût trouver dans celle de 1810 un moyen de la tourner.

III

Toutefois, en 1899-1900, lorsque furent instituées les premières concessions de mines de fer du nouveau district de Briey, une première déviation survint à la rigueur de ces règles. Les idées d'étatisme, qui vont toujours se développant, avaient ému certains esprits ; on trouvait disproportionnés les « titres miniers » des attributaires et la valeur immédiatement réalisable de la concession qu'on leur donnait. Sous l'empire de ces idées ces concessions ne furent octroyées à ceux dont on avait fait choix d'après les principes et les règles ci-dessus rappelés, qu'à la condition de verser une subvention calculée à raison de 500 francs par hectare pour la construction des nouveaux chemins de fer qu'exigeait l'institution de ces concessions. Pour mieux respecter la loi, aucune mention n'en fut faite dans les titres d'institution ; les intéressés, qui avaient verbalement donné leur ahdésion à cette idée, ne reçurent leur titre que contre l'engagement, par eux remis, de verser la subvention convenue ; l'on sait que des engagements de cette nature sont de pratique courante dans l'exécution des grands travaux publics. Certes, je ne défendrai pas le principe de cette mesure ; la forme même à laquelle l'administration a recouru montrait qu'elle reconnaissait sortir quelque peu de son droit.

La mesure peut toutefois s'expliquer, sinon se justifier. Les concessionnaires avaient un intérêt direct à l'exécution des chemins de fer pour lesquels on leur a réclamé, un peu rudement peut-être, une subvention. Le gouvernement n'en a-t-il pas fréquemment usé ainsi pour la création de voies ferrées ou navigables au regard des départements et des Chambres de Commerce ? Ce qui excusait surtout le Gouvernement et expliquait la subvention, c'est qu'on épargnait aux concessionnaires la construction d'embranchements particuliers qui, dans plus d'un cas, leur auraient coûté plus que la subvention. Aussi bien, après 1900, les nouveaux chemins de fer construits, l'administration cessa ces errements pour les mines de fer de Meurthe-et-Moselle, sans songer un instant, à plus forte raison, à les étendre à d'autres districts et à d'autres mines. Elle y revint après 1906, dans des situations de fait à peu près analogues pour quelques autres cas. Puis, le ministère du Travail qui, depuis sa création en 1906, avait été mêlé à l'institution des concessions, exigea des concessionnaires, en faveur de certains hôpitaux destinés aux ouvriers de la mine, une allocation qui consistait généralement en un versement en capital de 50 francs par ouvrier jusqu'à un maximum relativement modeste. Le procédé resta le même, plus irrégulier en la forme ; après que l'attributaire avait été choisi suivant les règles normales, sa concession ne lui était donnée que s'il souscrivait l'engagement corrélatif, qualifié par euphémisme de « bénévole », bien qu'on lui en remît le modèle. Son « offre » n'était donc pas un « titre » à mettre en balance avec les autres titres qui avaient déterminé son choix ; c'était une obligation que, choisi, il devait subir ; mais, par respect pour la loi, il formulait en quelque sorte cette obligation en acte de remerciement et de reconnaissance pour la faveur dont il avait été l'objet. Je n'apprécie pas, j'expose.

Le Conseil d'Etat avait fini lui aussi par changer à cet égard les formes de l'acte de concession ; cet acte, au lieu de rester muet sur de pareilles offres comme en 1899-1900, en prenait acte.

Puis, à la suite des incidents parlementaires que j'ai dits, on arrêta l'institution des concessions. On vient de la reprendre avec les quatre décrets du 2 avril 1912 qui ouvrent une nouvelle ère et un nouveau régime.

Je m'excuse que, pour bien faire comprendre l'économie générale du nouveau système, je doive entrer dans quelques explications qui paraîtront rébarbatives aux profanes. Ce système, dont nous reverrons ultérieurement les détails, revient essentiellement à exiger des concessionnaires, au moyen d'une lettre d'engagement annexée au décret de concession et que celui-ci vise en en prenant acte, un partage avec l'Etat des bénéfices qui dépassent un certain revenu réservé, le tout sous les diverses conditions stipulées dans la lettre qui forme ainsi contrat entre le concessionnaire et le gouvernement. J'ai dit qu'on « exige » des concessionnaires ; inutile de rappeler qu'en la forme l'engagement restera bénévole. J'ai dit : partage des bénéfices avec l'Etat, bien qu'on ait tout fait, en apparence du moins, pour éviter cette violation trop évidente de la loi et de son principe de gratuité des concessions. On a recouru à l'artifice de l' « offre de concours », de la subvention à titre de « fond de concours ».

L'idée, il faut le reconnaître, se trouvait en germe dans cet avis du Conseil d'Etat, si topique cependant au fond, du 26 décembre 1907 que j'invoquais naguère ; mais, il semblait, comme on va le voir, qu'elle ne fût signalée que pour être condamnée. Après avoir, en effet, rappelé le principe de la gratuité des mines au regard de l'Etat, le Conseil d'Etat, ne pouvant s'empêcher de faire allusion à l'incident de 1899-1900 des mines de fer de Briey, ajoutait : « Si la législation actuelle n'a pas fait obstacle à ce que, dans certains cas, des offres de concours formulées par des demandeurs en concession de mines, pour des travaux publics intéressant l'exploitation future, fussent prises en considération dans le choix des concessionnaires comme des preuves d'une intention sérieuse de mettre promptement en exploitation les mines à concéder, ce procédé ne saurait entrer dans la pratique courante des concessions ».

On sait ce que sont ces « offres de concours » pour travaux publics. Ce sont des subventions, consenties, avec ou sans conditions spéciales, par des contrats qui se trouvent ainsi passés entre l'administration et un donateur intéressé à l'exécution d'un ouvrage public, en vue de provoquer ou de hâter cette exécution. Ces contrats sont classés dans la technologie juridico-administrative ; ils ont leur jurisprudence. Ils sont éventuellement débattus entre intéressés comme tout contrat ; il est admis même, si l'ouvrage est à créer, que l'administration signale à l'avance le minimum de concours qu'elle demande pour l'entreprendre. Comme pour tout contrat, l'inexécution ou l'inobservation des conditions offertes et acceptées donne au donateur le droit au remboursement ou à une indemnité équivalente.

La comptabilité publique, qui ne s'occupe que de chiffres, sans se soucier des objets sur lesquels ils portent, admet qu'il peut y avoir « fonds de concours », suivant l'expression consacrée pour toute « offre de concours » qui, en dehors des travaux publics, mais avec un sens analogue, peut être rattachée à un article de dépenses du budget. Il y a des règles financières spéciales pour l'utilisation de ces fonds ; on ne peut dire qu'ils aient une jurisprudence, tant ils sont peu pratiqués.

Ce devait être, pour l'institution des concessions de mines, la solution cherchée ; et combien féconde entre les mains d'une administration ingénieuse, puisqu'elle permet toutes les stipulations ; illégales si elles avaient été fixées directement en faveur de l'Etat, qui en aurait eu peut-être le plus de besoin, elles deviennent licites, si par un engagement « bénévole », quoique un peu rudement demandé, comme je disais, elles constituent une « offre de concours » pour un objet qui se rattachera plus ou moins bien à un article de dépenses du budget, que le donateur ait peu, ou même point d'intérêt à cette dépense. Oh ! Puissance de mots !

Tout cela est si compliqué et si subtil, que tout le monde paraît s'y être perdu dans l'exécution. Parfaitement indifférents sans doute à la destination de leurs versements, dont la quotité seule a pu les préoccuper, les concessionnaires ont, sous la dictée de l'administration, indiqué les objets choisis par celle-ci, pour lesquels ils faisaient offre, en ajoutant que si une disposition législative en décidait autrement, leur offre profiterait à l'Etat avec lequel finalement se ferait alors directement le partage des bénéfices. Le Conseil d'Etat paraît s'y être trompé lui-même, puisque, dans le premier des quatre

décrets, celui d'Abbeville, il a pris acte explicitement (art. 4)
« de l'offre de la Société en ce qui concerne la participation
de l'Etat aux bénéfices annuels de l'entreprise ». Il semble
s'être ressaisi dans les trois autres décrets où il n'est plus
pris acte que d'une offre de versement à l'Etat, à titre de fonds
de concours. Mais si le fonds de concours ne jouait plus dans
le cas que prévoient les lettres ? Comprenne qui pourra.

Je m'excuse encore une fois de ces longues et insipides
explications sur le principe et la forme du système employé.
Elles montreront bien, je l'espère, son illégalité parce que,
malgré toutes les habiletés de forme, il viole et le principe de
la gratuité des concessions au regard de l'Etat et le principe
de l'impossibilité pour l'administration de soumettre une concession de mine à des obligations qui ne soient pas prévues
par la loi.

S'il en est ainsi, on pensera sans doute que, dans notre forte
armature administrative, les recours ne doivent pas manquer
à ceux qui sont lésés par ces irrégularités.

Je ne comprends pas, bien entendu, dans ce recours, l'in-
terpellation qui doit être adressée au Ministre à la Chambre
des Députés. Il triomphera sans doute aisément. Sur le point
de droit, n'a-t-il pas pour lui l'approbation du Conseil d'Etat
qui a agréé la solution ; c'est du reste, peut-il indiquer, un
côté de la question qui ne relève pas de la Chambre, mais des
juridictions compétentes. Sur le point de fait, la Chambre ne
lui en voudra pas d'avoir quelque peu pressuré un concessionnaire de mine en faveur de l'Etat ou de ses dévolutaires ; et
si elle pouvait trouver mauvais que le gouvernement ait tout
de même inauguré un nouveau régime minier sans qu'elle
l'ait arrêté, comme elle en a seule le droit d'accord avec le
Sénat, elle se consolera aisément en songeant que ces nouveaux concessionnaires, qui ont déjà payé une lourde rançon,
n'échapperont pas davantage aux clauses qui pourront être
édictées pour toutes les propriétés de mines, sans qu'elle ait à
se préoccuper de l'action récursoire éventuelle, en ce cas, de
ces concessionnaires contre l'Etat à raison du contrat particulier passé avec lui. Un procès de plus n'est rien dans le
nouveau régime qui doit en soulever tant !

C'est ce maquis de la procédure que devront aborder les

intéressés pour obtenir la réformation de ces décrets en tant qu'ils leur font grief. Les tiers, s'ils sont assez diligents pour ne pas se laisser forclore par les délais, pourront user du recours en excès de pouvoir devant le Conseil d'Etat au contentieux. On le sait assez indépendant du Conseil d'Etat administratif pour avoir récemment, dans l'affaire des Halles de Paris, (arrêt du 7 juillet 1911) annulé des dispositions qu'il a estimées illégales même dans un règlement d'administration publique. L'attributaire ou plutôt ses ayants-droits pourront à l'occasion de l'exécution du contrat, réclamer devant le « juge compétent », pour parler comme le contrat lui-même et ne pas chercher plus que lui quel est ce juge. Conseil d'Etat au contentieux et « juge-compétent » sauront bien aller au fond des choses sans s'arrêter aux mots par lesquels on a voulu le masquer. C'est au moins ce que l'on doit espérer si l'on ne veut voir élever en dogme l'arbitraire administratif, à la seule condition de recourir à des subtilités qui n'ont trompé et ne trompent personne et ne sont que pour plaire à ceux qui se délectent aux solutions par « *distinguo* ».

Une fois lancée dans cette voie du plus pur arbitraire, l'administration ne devait pas s'arrêter.

Elle aura pensé que, tout de même, ces tractations mystérieuses, ces engagements dont on tend à bien faire ressortir l'apparence bénévole par l'absence cherchée de toute trace matérielle en dehors de la lettre finale, souvent retouchée, qui les consacre, étaient assez discutables et qu'il lui valait mieux agir au grand jour, au risque de méconnaître encore plus carrément les règles de la loi de 1810, et nous avons vu un nouvel avatar ; ce ne sera sans doute pas le dernier de cette période agitée. Dans un mouvement de surprise justifiée, la Presse, qui n'a pu s'empêcher de s'occuper de la question, l'a appelé « les mines à l'encan » (1).

Paraissant oublier que suivant le texte et la pratique de la loi de 1810, l'administration ne peut prendre l'initiative pour instituer des concessions ; qu'elle ne peut que statuer sur les demandes qui lui sont soumises et faire un choix parmi les demandeurs légalement concurrents pour les mêmes terrains, elle a annoncé qu'elle avait arrêté trois périmètres de

(1) *L'Information*, article du 9 mai 1912.

mines de fer qu'elle se proposait d'instituer en Meurthe-et-Moselle, et elle a provoqué, par lettres individuelles, des offres pour leur attribution de la part de tous ceux — ils doivent bien être une vingtaine — qui ont, depuis plus ou moins longtemps demandé, où que ce soit, des concessions de mines de fer dans le département, voire même en des régions distinctes et distantes de quelque cent kilomètres des périmètres à adjuger. Les journaux ont publié cette lettre (1).

Par une note communiquée aux journaux, l'administration s'est défendue d'avoir songé à innover comme on le lui a reproché. Elle ne poursuit, dit-elle, qu'un supplément d'enquête pour désigner par « concours sur titre », « le plus digne » à obtenir les concessions. Allons au fond des choses : les offres pécuniaires que l'on sollicite des concurrents, sous une forme déterminée, pour une destination déterminée, joueront un rôle ou n'en joueront aucun dans le choix de l'attributaire. Si elles ne doivent en jouer aucun à quoi bon les solliciter ainsi comme en matière d'adjudication ? Si elles doivent jouer un rôle, c'est bien, quoi qu'en dise l'administration, une adjudication ; une « adjudication sur titre » et non un « concours sur titre ». Tout cela est discuter sur des mots. L'administration oublie-t-elle d'ailleurs que, d'après la loi de 1810, parmi les titres qui peuvent déterminer « le plus digne », comme elle le dit, cette loi lui interdit, ainsi que nous l'avons indiqué d'après l'universalité de la doctrine et de la jurisprudence constatée dans l'avis précité du Conseil d'Etat du 26 décembre 1907, de prendre en considération des offres pécuniaires ? Pour les autres titres, du reste, n'avait-on pas déjà et surabondamment toutes les indications nécessaires par suite des enquêtes réglementaires faites sur les demandes en concession conformément à la loi de 1810 ? Alors à quoi bon ce nouvel appel ? Et s'il paraît utile aujourd'hui pour ces trois périmètres de procéder ainsi, pourquoi ne l'a-t-on pas fait pour les deux périmètres concédés dans la même région, dans des terrains limitrophes, le 2 avril 1912 ? On se perd dans ces évolutions contradictoires qui surgissent à quelques jours d'intervalle et pourraient autoriser toutes les hypothèses.

(1) V. *Le Temps*, du 11 mai 1912.

Autre particularité du nouveau système. Dans le précédent, on pouvait dire, au moins, que l'attributaire faisait une offre de concours, sachant ce qu'on devait lui attribuer. Ici, c'est simultanément pour trois concessions que l'on sollicite des offres ! En faudra-t-il faire de distinctes ou d'alternatives pour chacune ?

Au demeurant, encore une fois, que l'Etat veuille retirer des concessions de mines des avantages pécuniaires plus considérables que celui résultant des impôts actuels, taxe fixe de 0 fr. 50 par hectare et 5 0/0 du produit net ; que, dans certains cas, il veuille les donner d'après des adjudications portant sur tel ou tel élément ; ce n'est pas la question : les propositions pour changer à cet égard la loi de 1810 ne se comptent plus. Mais le pouvoir exécutif se substituant au Parlement pouvait-il de sa seule autorité refaire la loi ? Là est toute la question sur laquelle je m'excuse de tant insister.

IV

Si la question de légalité domine le sujet, il n'est pas moins intéressant d'examiner en lui-même le nouveau régime. Il a pour objet, je l'ai déjà dit, de prélever, en outre et au delà des impôts réguliers, une certaine quotité des produits nets, des bénéfices des entreprises minières ; il faut examiner, d'une part, la nature et la quotité des versements exigés du concessionnaire, et, d'autre part, leur destination.

Pour les versements, les engagements prévoient deux modalités suivant que la concession appartiendra à une Société anonyme dont l'objet exclusif, ou tout au moins principal, sera l'exploitation de la mine ou qu'elle appartiendra à toute autre personne ou Société. Ce dualisme, qui permet en effet de comprendre tous les cas, n'est toutefois prévu que pour les deux mines de fer. Pour les deux mines d'or, le contrat intervenu entre l'administration et la Société interdit à tout jamais à celle-ci de se fusionner éventuellement dans une autre Société, entrave à coup sûr fâcheuse aux libres initiatives dont l'administration préconise sans cesse la fécondité, mais en l'entravant une fois de plus, à moins qu'on ne passe un nouveau contrat qui nécessitera de la part de l'administration une nouvelle intervention non moins arbitraire.

Lorsqu'il n'y a pas Société spéciale, le concessionnaire doit verser, par tonne extraite, sans qu'on examine s'il y a ou s'il n'y a pas de bénéfice, une redevance dont la quotité d'abord fixée à forfait pour une première période de cinq ans, est revissable ensuite par période de cinq ans, à la volonté de chaque partie, mais de façon à représenter toujours 20 0/0 des bénéfices nets.

S'il y a Société spéciale, la Société doit verser une part dans les bénéfices annuels qui dépasseront la somme nécessaire pour assurer au capital actions un revenu réservé cumulatif, ce qui veut dire par un report éventuel d'un exercice sur l'autre pour le calcul de ce revenu réservé. Le revenu réservé cumulatif est de 5 0/0 pour les mines de fer, de 6 0/0 pour les mines d'or. La part à rétrocéder dans l'extrabénéfice ou le superbénéfice, comme on l'a appelé, est de 20 0/0 pour les mines de fer, et de 12 1/2 0/0 pour les mines d'or ; mais une note infrapaginale qui figure au *Journal Officiel* — et ce n'est pas en la forme, une des moindres curiosités de ces actes — apprend que la Société doit, en outre, d'après les statuts répartir 5 0/0 du superbénéfice à ses ouvriers comme partage des bénéfices avec eux. En cas de liquidation de la Société, l'Etat a droit aux 20 0/0 ou 12 1/2 0/0 du solde qui restera après amortissement des actions.

On semble n'avoir pas pris garde dans les contrats à forme alternative que ce droit à une part de l'actif en cas de liquidation soulèvera une difficulté inextricable si la Société fusionne avec une autre par absorption pure et simple et échange d'actions. Mais qu'est-ce qu'une contestation de plus quand il y en aura tant d'autres !

On n'a d'ailleurs pas omis de stipuler le maximum de l'apport admissible en cas de cession, soit pour le droit seul d'exploiter, soit pour les dépenses d'installation, celles-ci devant résulter de relevés qui ne seront pas aisés à établir.

Les versements, malgré les obscurités ou anomalies que j'ai signalées dans les textes, ne doivent pas, nous l'avons dit aussi, bénéficier directement à l'Etat, c'est-à-dire aux produits divers du budget qui en auraient eu peut-être le plus besoin. Le concessionnaire affecte contractuellement ses versements pour moitié : 1° à un nouveau service public qu'il va falloir créer à raison de cette spécialisation de ressources et de l'autonomie financière qui résulte du jeu des fonds de concours, service ayant pour objet des « études et travaux à entreprendre par le service des mines pour développer l'industrie minière en France » ; 2° à des institutions d'assistance et de prévoyance au profit des ouvriers mineurs et de leurs familles.

Le premier objet sera précis dès que le service aura été reconnu tout au moins par la loi budgétaire. Beaucoup penseront sans doute, que les intérêts publics s'étaient jadis passés de ce nouveau rouage et qu'ils s'en passeraient aussi bien dans l'avenir. Si le Gouvernement est soucieux à ce point de « développer l'industrie minière en France », il en a un moyen beaucoup plus certain et plus rapide : il n'a qu'à instituer les quelques 50 à 60 concessions dont les dossiers tout prêts dorment depuis quelques années dans les cartons administratifs et qui n'attendent qu'une signature pour en sortir. Et, puisque toute cette combinaison, repose sur l'idée du « fond de concours » qui exige, de la part de celui qui s'oblige, un intérêt dans la dépense à faire en commun, est-on bien sûr de l'intérêt des nouveaux concessionnaires à ce développement de l'industrie minière qui paraît plutôt devoir leur nuire ?

L'autre part des prélèvements doit aller à une destination qui, avec la généralité des termes employés, est déconcertante par son imprécision dans un contrat. On ne voit, du reste, pas bien comment cette destination se relie à quelque article du budget.

Aussi bien il semble que dans tout cela il y a moins un contrat minuté avec la précision qu'il comporte, que les clauses d'une loi qui ne fixe que des principes et qui a besoin pour être exécutée d'un règlement d'administration publique donnant les règles à appliquer. Evidemment on ne pourra recourir à un moyen analogue, et c'est à coup de procès qu'il faudra se mettre d'accord dèvant le « juge compétent », comme dit la lettre-contrat, et peut-être il faudra se battre d'abord sur la compétence.

Bien que l'Etat ne doive pas être bénéficiaire direct des

versements, il a tenu à surveiller lui-même par ses agents leur régularité. A cet effet, dans le cas où il y a Société spéciale et véritable partage des bénéfices, les Sociétés concessionnaires se sont engagées à donner aux ingénieurs des mines tous les pouvoirs d'investigation qu'ont, dans les sociétés anonymes, les commissaires des comptes. Certaines des Sociétés se sont même engagées à assurer aux ingénieurs des mines, le droit d'assister aux assemblées générales d'actionnaires pour lesquelles ils seront convoqués : je ne cite cette dernière stipulation que pour mémoire. Mais on ne laisse pas d'éprouver quelque étonnement de voir des industriels accepter pour les ingénieurs de mines, ce droit d'investigation sur tous leurs comptes, et aller ainsi au-devant de l'inquisition fiscale la plus caractérisée. Un tel interventionnisme si facilement consenti sera chose rare, à coup sûr. Comment le Conseil d'Etat a-t-il pu l'accepter? A-t-on pensé où cela va conduire pour peu que le régime s'étende avec le système du revenu réservé cumulatif ? Ce sont les comptes de chaque année qu'il faudra vérifier et arrêter avec la possibilité des contestations les plus âpres. Songe-t-on à l'armée de fonctionnaires qu'il aurait fallu si ce système, inauguré dès 1810, devait s'appliquer aux 1.500 concessions qui existent ? Rien que pour l'avenir, on ne doit pas oublier qu'avant la crise que nous traversons, on instituait une douzaine de concessions par an. On n'évitera donc pas un nouveau développement de fonctionnarisme et de contentieux dont on aurait bien pu se passer ; et l'Etat devra en supporter la charge encore qu'il ne soit pas bénéficiaire des ressources que ce régime doit procurer.

Il n'aura pas échappé que les engagements pris par les concessionnaires leur sont, et leur resteraient parfaitement personnels et ne passeraient pas *de plano* à leurs ayants droit, comme il en serait de charges réelles qui ne peuvent pas être mises en cette forme sur des concessions de mines. L'objection n'a pas arrêté l'administration. Un article 138 de la loi de finances du 13 janvier 1911 ne permet plus le transfert du droit d'exploiter une mine qu'avec une autorisation donnée sur avis conforme du Conseil d'Etat. Une circulaire du ministre des Travaux Publics du 21 février 1912, insérée au *Journal Officiel*, du 3 mars 1912, en commentant cette loi, a annoncé, sans que le Conseil d'Etat y ait, jusqu'ici, donné son avis conforme, que pareille autorisation ne serait accordée que si l'acquéreur s'engageait à son tour à se substituer à son vendeur pour assurer la continuité des avantages pécuniaires consentis par celui-ci à l'Etat. Sans cela, évidemment, tout le nouveau système des contrats croulait immédiatement ; mais n'y a-t-il pas là le détournement de pouvoir qui vicie toute décision où, suivant la jurisprudence du Conseil d'Etat au contentieux, notamment en matière d'exploitation d'eaux minérales, l'Etat use, en faveur de la défense de ses intérêts pécuniaires, des pouvoirs qui lui ont été donnés pour la seule administration des intérêts généraux ?

Et du moment que l'administration est entrée dans la voie, sous couleur d'engagements « bénévoles », de trafiquer pour ses intérêts financiers des décisions qu'elle n'a à prendre que comme puissance publique, pourquoi ne ferait-elle pas un nouveau pas en avant dans ce système ? L'article 138 de la loi de finances de 1911, lui en donne la facilité. Par des moyens analogues elle peut vendre à sa guise les autorisations de transfert, comme elle vend l'institution des concessions de mines ; elle pourra ainsi ramener les mines anciennes, en cas de cession, au nouveau régime des mines futures. Le coup serait même ici plus sûr ; par suite, en effet, d'une inadvertance du législateur, qui s'explique dans un article improvisé d'une loi de finances, le défaut d'autorisation en cas de transfert entraîne la déchéance pure et simple, tant du concessionnaire que des créanciers inscrits. C'est l'expropriation sans indemnité.

Souhaitons que ce soit prévoir les malheurs de trop loin. Nous n'en sommes encore qu'au régime des nouvelles concessions, tel que nous venons de l'exposer, constitué au moyen de contrats passés par correspondance, ce qui est la pire manière de faire des contrats. Le système, considéré en lui-même, est compliqué comme à plaisir ; pour appliquer la même idée on aurait certes pu adopter d'autres formes plus simples, qui n'auraient pas été moins approximatives et qui, par leur simplicité, eussent été plus pratiques, plus économiques et partant plus administratives. Déjà, au lieu de ce superbénéfice d'une spécification particulière, on pouvait simplifier en prenant le superdividende, c'est-à-dire en acceptant, comme pour les parts bénéficiaires dans les Sociétés, le dividende en tant que base du bénéfice au delà duquel se ferait le partage. Ensuite, puisqu'on a déjà admis — et il ne pouvait en être autrement pour tenir compte de toutes les circonstances — que l'on pouvait substituer forfaitairement une redevance par tonne extraite au prélèvement du 20 0/0 sur le superbénéfice, on pouvait, dans le même ordre d'idées prendre, comme redevance supplémentaire, un multiple de l'impôt de 5 0/0 sur le produit net que la mine doit déjà à l'Etat. La réforme de cet impôt par la loi de finances de 1910 lui donne aujourd'hui pour son assiette des garanties spéciales. L'absolu n'est pas de ce monde, surtout en administration. Il y faut faire simple si l'on ne veut pas que les inconvénients d'une mesure en dépassent les avantages.

Mais surtout, il faut faire juste et par suite traiter également tous les particuliers qui se trouvent dans des situations analogues. Or, à cet égard, qui n'aperçoit le vice du procédé ? J'indiquais quelques-unes des solutions que l'on aurait pu substituer à celle adoptée. On en pourrait imaginer beaucoup d'autres. Il ne faudrait pas connaître la vie et surtout la vie administrative pour ne pas être certain que, avec le système contractuel qui permet tout, sous le bénéfice de quelques noms euphémiques habilement employés, on peut arriver à tout stipuler. Toute personnalité mêlée à ces choses, Ministre ou autre, qui en aura le pouvoir, tiendra à honneur d'avoir sa clause, différente de celles antérieurement pratiquées. Qu'importe, dira-t-on, puisque les intéressés les acceptent ? Qui ne sait combien des industriels, même avisés, n'ont que des vues très limitées dans le temps, ne songeant souvent qu'à des réalisations immédiates au prix parfois de quelques incommodités. L'administration doit voir de plus haut et pour plus longtemps : ce sont les intérêts généraux permanents qui lui sont confiés. Or, en quelques mois déjà, quel kaléidoscope dans des solutions que devrait tout au moins inspirer quelque uniformité. Nous avons eu d'abord des subventions en capital une fois payé pour des travaux publics ; puis des subventions en capital, aussi, mais susceptible d'accroissement, pour des hôpitaux et hospices : c'était le vieux jeu. Nous voici au nouveau jeu. D'abord, comme nous l'a appris M. Ajam, l'ad-

ministration avait songé à réclamer une part des bénéfices
au titre de l'indemnité prévue par la loi de 1810 pour l'invention de la mine, à cause des services rendus aux explorateurs
par l'administration. On trouve la trace explicite de cette idée
dans les engagements imposés aux quatre concessionnaires...
pardon, dans les engagements « bénévoles » des quatre concessionnaires du 2 avril. Cette première idée a été, semble-
t-il, promptement abandonnée. Elle n'avait fait, du reste, que
provoquer un sourire de ceux qui, au courant des choses,
savent qu'en matière de recherche et d'exploration des mines,
l'administration ne nous en a même pas donné pour ce qu'on
la paye. Puis sont venues les formules alternatives des décrets du 2 avril, pour des prélèvements sur les bénéfices avec
certaines destinations pour ces prélèvements. Enfin nous voici
à ce que l'on a justement appelé, malgré ce que l'administration en a dit, aux « mines à l'encan ». De quoi demain sera-t-il
fait ? Outre toute la complication dans laquelle l'administration va se perdre infailliblement, que devient dans tout cela
le principe nécessaire d'égalité devant les Pouvoirs Publics de
tous les entrepreneurs d'une même industrie privée ?

Ainsi, du nouveau régime que paraissent vouloir inaugurer
les décrets du 2 avril 1912, on peut dire qu'il est, dans son
principe, illégal sinon inconstitutionnel ; que, dans l'application de son principe, il est anti-économique et injuste ; un nid
à contestations et à procès ; que, s'il se développait, il ne
pourrait fonctionner sans un accroissement notable et regret-
table du fonctionnarisme.

Puisque le Gouvernement actuel était libéré de tout engagement vis-à-vis de la Chambre des Députés, il convenait de
suivre purement et simplement la loi telle qu'elle existe et
qu'elle a été appliquée, avec l'assentiment de tous, depuis un
siècle. Il convenait de ne chercher à la modifier qu'après les
études et avec les garanties traditionnelles pour l'élaboration
d'une loi qui touche aux plus grands intérêts nationaux et
qui, plus que toute autre, doit être pour tous égale.

Paris. — Typ. A. Davy, 52, rue Madame. — Téléphone 704.19

Revue Politique et Parlementaire

Paris. — Imprimerie A. DAVY, 52, rue Madame. — *Téléphone*.

www.ingramcontent.com/pod-product-compliance
Ingram Content Group UK Ltd.
Pitfield, Milton Keynes, MK11 3LW, UK
UKHW021030120726
13693UKWH00005B/2278